AF339506

DROIT PUBLIC

INTRODUCTION PHILOSOPHIQUE

A L'ÉTUDE DU

DROIT CONSTITUTIONNEL

De M. J. TISSOT, correspondant de l'Institut

LA MEILLEURE FORME DE GOUVERNEMENT. — FAUT-IL DEUX CHAMBRES ?
RÉFORMES DANS L'ORGANISATION JUDICIAIRE.
JURY CIVIL. — ASSOCIATIONS DIVERSES. — L'ÉTAT ET L'ÉGLISE.

PAR

CH. MUTEAU

Docteur en droit
Conseiller à la Cour d'appel, membre du Conseil général de la Côte-d'Or
des Académies de Dijon, Chambéry, etc.

Extrait de la *Revue pratique de droit français.*

Prix : 1 fr. 50

PARIS

MARESCQ AINÉ, LIBRAIRE-ÉDITEUR

17, RUE SOUFFLOT, 17

1872

DROIT PUBLIC

INTRODUCTION PHILOSOPHIQUE

A L'ÉTUDE DU

DROIT CONSTITUTIONNEL

CORBEIL. — Typ. et stér. de CRETÉ fils.

DROIT PUBLIC

INTRODUCTION PHILOSOPHIQUE

A L'ÉTUDE DU

DROIT CONSTITUTIONNEL

De M. J. TISSOT, correspondant de l'Institut

LA MEILLEURE FORME DE GOUVERNEMENT. — FAUT-IL DEUX CHAMBRES ?
RÉFORMES DANS L'ORGANISATION JUDICIAIRE.
JURY CIVIL. — ASSOCIATIONS DIVERSES. — L'ÉTAT ET L'ÉGLISE.

PAR

CH. MUTEAU

Docteur en droit
conseiller à la Cour d'appel, membre du Conseil général de la Côte-d'Or
des Académies de Dijon, Chambéry, etc.

PARIS

MARESCQ AINÉ, LIBRAIRE-ÉDITEUR

17, RUE SOUFFLOT, 17

1872

PRINCIPES DE DROIT PUBLIC

DROIT CONSTITUTIONNEL

I.

Il est remarquable que la plupart des travaux publiés en France, depuis les tristes désastres qui nous ont frappés, semblent tendre à un seul et même but, la régénération morale et la réorganisation effective de notre malheureux pays. Le souffle patriotique s'est étendu sur tous, et, noblement inspirés par le plus noble des sentiments, les publicistes luttent à l'envi pour apporter, l'un sa pierre, l'autre son grain de sable à cette réédification à laquelle nos fautes passées nous ont si cruellement condamnés : sainte émulation dont il faut se réjouir parce qu'elle porte à la fois dans les âmes la consolation et l'espérance, parce qu'elle donne foi dans l'avenir !

Cette observation m'est suggérée par la publication, pleine d'actualité, que vient de faire M. J. Tissot, correspondant de l'Institut. Le savant doyen de la Faculté de Dijon ne pouvait échapper, et n'a pas échappé, en effet, à la loi commune qui domine partout la direction des esprits, et que son libéralisme de vieille date doit lui rendre douce à subir. Moraliste éminent, il devait malgré lui se sentir entraîné à pousser vers l'application des sages principes qu'il a toujours professés la nation qu'il s'agit de relever et de replacer au rang qui lui appartient entre les peuples, au premier rang. Citoyen dévoué, il ne pouvait manquer de se préoccuper des questions que soulèvent, à cette heure suprême, la réorganisation politique, et, à côté d'elle, cette série de réformes accessoires qui touchent à nos plus grandes institutions législatives, administratives, judiciaires ; aux intérêts de l'ordre le plus élevé, ceux d'association, de famille, de religion : questions brûlantes qui ne peuvent être utilement résolues qu'à la condition d'avoir été froidement étudiées dans les leçons de l'expérience, mûries par les réflexions de la philosophie et éclairées par le flambeau de la saine morale, premier élément de vitalité de toute institution humaine.

M. Tissot, dans le nouveau volume qu'il vient de livrer aux méditations des hommes sérieusement et sincèrement animés de l'amour du pays, a largement payé sa dette à la patrie par les lumières qu'il lui apporte sur tous les points en discussion aujourd'hui, et dont la solution, suivant qu'elle sera entachée de l'esprit d'entraînement irréfléchi et d'entêtement coupable, ou qu'elle sera, au contraire, exempte de la passion qui aveugle et conforme à la vraie doctrine du beau et du bien, nous maintiendra dans l'abîme et nous y plongera davantage encore, ou nous conduira à l'oubli des jours néfastes que nous venons de traverser, en substituant à l'ère d'ignorance et de démoralisation qui les a préparés, une ère de travail et d'amélioration morale, seules sources honorables et assurées du véritable bien-être, celui que donne l'aisance sans corrompre les cœurs, sans abaisser les caractères.

Essayer d'analyser, en la jugeant, une pareille œuvre serait tenter une entreprise aussi difficile que téméraire. La préface seule, dans ses quarante pages, est tout un livre,

rempli par l'affirmation raisonnée des principes les plus soli-
des et les plus importants qui doivent servir de base à toutes
les théories de l'auteur ; ainsi rien ne peut donner une plus
juste idée de la hauteur de vue avec laquelle il va traiter les
problèmes les plus ardus du droit constitutionnel, ou plutôt
en préparer la solution, que des extraits de cette préface,
reproduits textuellement, dans la crainte de les décolorer ou
de les affaiblir. Ce sont donc surtont ces extraits que je me
propose de citer, sans trop de commentaires, sauf à m'expliquer ensuite sur les différents sujets examinés dans l'ouvrage
et qui me paraissent mériter le plus d'attention.

Le caractère de cet ouvrage, dit M. Tissot en commençant,
est d'être une introduction philosophique à l'étude du droit
public interne; à coup sûr il n'a pas donné moins qu'il a
promis. Basée à la fois sur ces trois sciences qu'il faut se
garder de confondre, mais qui doivent se compléter l'une
l'autre, à savoir, l'histoire du droit public, la philosophie de
ce droit et la philosophie de l'histoire de ce même droit, son
ntroduction sera pour les pouvoirs constituants et législ-
latifs un guide qui ne saurait les tromper ; car elle ouvre
toute grande la voie « à l'esprit de liberté et de justice qui
doit inspirer leur organisation et leur exercice chez un peuple pour lequel l'égalité proportionnelle, la seule naturelle,
la seule vraie, la seule juste, est devenue le premier des principes politiques ».

Partant en effet de cette pensée d'égalité qu'il trouve dans les
idées, dans les sentiments et dans les mœurs nationales, qui,
de légitime est devenue légale, qu'il considère comme l'âme
de notre droit public et privé, M. Tissot lutte avec force
contre les deux plus redoutables ennemis que la France
nourrisse dans son sein. D'une part, il proclame, sans hési-
ter, que « toute tentative de retour à un régime quelconque
de privilége aurait par le fait un caractère subversif et révo-

lutionnaire des plus condamnables » ; déclarant hautement cette tendance rétrograde « d'autant plus répréhensible politiquement qu'elle est en opposition avec ce qui fait par-dessus tout la supériorité de la France sur toutes les autres nations », l'unité par l'égalité, dont l'illustre Rossi avait deviné la fécondité intarissable. D'autre part, il ne condamne pas avec moins d'énergie cette autre tendance « non moins contraire à la véritable égalité, non moins révolutionnaire ni moins coupable par conséquent, l'égalité brutale, absolue » qu'il appelle spirituellement « le privilége retourné ».

N'est-il pas là évidemment dans le vrai, et en montrant nettement, courageusement, dans tous ses dangers, ces deux partis extrêmes dont le triomphe, si, pour notre malheur, ils venaient l'un ou l'autre à triompher jamais, nous conduirait également tout droit et fatalement aux plus épouvantables catastrophes, ne donne-t-il pas la mesure de la sagesse et de la modération qui le dominent? Ne contribuera-t-il pas utilement à apprendre à ceux qui l'ignorent encore, ce passé où « les puissants, les forts, s'étaient arrogé au sein des vieilles sociétés une position abusivement privilégiée » et en même temps à défendre ceux qui s'en souviennent trop et mêlent à leurs souvenirs trop de passion pour pouvoir être impartiaux et ne pas s'exposer à tomber dans des excès analogues ou contraires, contre ces funestes doctrines qui ne craignent pas, dans leur matérialisme éhonté, de réduire l'homme à la condition de l'animal et de mesurer cyniquement ses droits à ses seuls besoins, quelle qu'en soit la cause, l'inconduite, le luxe et la débauche, ou bien le malheur immérité.

Il se demande comment combattre ces deux ennemis comment instruire les ignorants, ouvrir les yeux à ceux qui ne voient point, comment ramener les égarés ou confondre les imposteurs, et alors il s'étonne en présence d'un pareil état intellectuel et moral que des esprits qui se croient conser-

vateurs, qui veulent l'être, soient eux-mêmes ou assez aveu-
gles pour ne pas comprendre la nécessité d'un enseignement
populaire universel et par conséquent obligatoire ; ou assez
sceptiques pour n'avoir aucune foi aux vérités pratiques qui
sont le fondement de l'ordre social ; ou assez pleins de préjugés pour s'imaginer que le remède à un pareil mal est ailleurs
que dans ces idées mêmes, et que c'est par d'autres maximes
enseignées d'autorité seulement, qu'on parviendra à faire la
lumière dans des intelligences circonvenues par tant de causes
d'égarement. « Conservateurs imprudents, s'écrie-t-il, vous
consommerez votre perte et la nôtre, en cherchant dans les
traditions d'un passé souvent absurde ou injuste, des remè-
des au mal intellectuel qui nous ronge ! Vous ne voulez ni de
la réflexion, ni de la logique, ni du libre et consciencieux examen, vous ne voulez qu'un enseignement de mémoire, d'autorité, une morale arbitraire et mystique, une politique de
droit divin : eh bien ! vous n'aurez ni la foi au droit divin ni
celle qui doit assagir en abêtissant, parce que l'une et l'autre
sont devenues justement odieuses et impossibles ; vous n'aurez
pas davantage les saines et naturelles doctrines qui pourraient
nous sauver, puisque vos prétentions d'ignorantisme et votre
scepticisme systématique vous empêchent d'y croire et de
vous y attacher. Vous resterez impuissants, désarmés, et vous
serez vaincus par un ennemi qui ne veut plus vous écouter
parce qu'il ne peut plus vous croire. »

Il faudrait cependant tenir compte de ces remontrances sévères et convaincues d'un maître que toute sa vie vouée à
l'instruction de la jeunesse, qu'un demi-siècle d'expérience
et d'études assidues des hommes et des choses rendent singulièrement compétent pour apprécier les bienfaits d'une réforme qu'il sollicitait déjà, bien avant que nos revers en eussent
fait sentir comme aujourd'hui l'impérieuse nécessité. Il le
faudrait d'autant plus qu'assurément le pessimisme entêté

qui, sans cesse et de parti pris, s'oppose à toute espèce de
progrès, ne saurait voir dans l'adhésion autorisée que donne
le savant professeur à l'instruction obligatoire aucune inspiration révolutionnaire, qu'au contraire il n'y rencontre que
les conseils vraiment éclairés d'un esprit éminemment con-
servateur. Est-ce donc pour déplacer, pour détruire les rapports sociaux qu'il souhaite la lumière partout, ou n'est-ce pas
plutôt pour la rendre fructueuse et profitable à tous indis-
tinctement? Est-ce au nivellement des intelligences et des
situations qu'il prétend, à la suite de ces rêveurs, malades
ou criminels, dont il est le premier à répudier les théories
trompeuses et aussi illogiques qu'elles sont le plus souvent
coupables? Nullement: il reconnaît bien haut la nécessité de
la division naturelle du travail, et, sa conséquence forcée, la
diversité des conditions : « Chacun, dit-il, se trouvant placé
ici ou là, soit par sa naissance, soit par sa volonté, soit par
les circonstances, se trouve par là même en mesure de
rendre à ses coassociés civils, à ses concitoyens, tels ou tels
services en échange de ceux dont il a besoin, et qui lui sont
garantis par les pouvoirs publics. Il y a encore là une iné-
galité naturelle aussi nécessaire qu'il est nécessaire que nous
soyons nés tous avec des aptitudes et des goûts divers, et dans
des situations différentes. La liberté, plus que tout le reste,
amène ces diversités. Ce serait donc méconnaître la liberté
et ses conséquences, la nature et ses lois, les conditions les
plus impérieuses de la vie sociale, les vocations les plus
manifestes, que de vouloir assujettir tout le monde aux mêmes
travaux et à tous les travaux de la vie commune, ce serait
retourner à l'enfance extrême des sociétés par la violence ;
ce serait mettre l'égalité brutale, artificielle, absolue, à la
place de l'égalité libre, équitable, naturelle et relative ou
proportionnelle. Ce serait donc sortir de la nature, de la
vérité et de la justice, sous prétexte d'y rentrer.

« Peu importe que cette tentative, nécessairement impuissante, puisqu'elle se proposerait l'impossible, fût exercée par la fantaisie d'un seul, ou au nom et par la volonté de la multitude ; elle serait également insensée, barbare, antisociale, tyrannique et criminelle.

« Une pareille entreprise peut néanmoins servir à des esprits faux ou pervertis par les préjugés les plus grossiers, comme un idéal digne d'envie et jusqu'à un certain point réalisable. Elle peut déterminer le pouvoir orgueilleux et despotique d'un seul, ou les convoitises les plus aveuglément passionnées d'une multitude égarée, à sacrifier la plus légitime liberté à l'égalité la plus chimérique, à tourner la liberté du peuple contre elle-même, à la convertir en instrument d'oppression. Alors sans doute on peut encore avoir l'égalité, mais l'égalité dans la servitude. »

Fait-il là autre chose que combattre encore ces deux extrêmes qu'il redoute si fort et si justement ? Fait-il autre chose qu'appliquer sincèrement ce principe profondément judicieux « qu'il n'y a de liberté possible comme d'égalité qu'au nom de la justice et de la raison », n'accordant pas plus à la multitude, lorsqu'elle se trompe, qu'à la volonté individuelle, et frappant d'une commune réprobation toutes les tyrannies du despotisme, d'où qu'elles partent, de l'asservissement par un seul ou de l'anarchique domination des masses.

L'homme, suivant M. Tissot, n'imagine pas plus sa loi qu'il n'imagine sa nature ; il doit découvrir et déterminer l'une par l'observation attentive de l'autre, et dès lors c'est cette loi seule qui, à ses yeux, doit devenir la maîtresse de nos raisonnements comme de nos actions. La tâche n'est pas toutefois sans difficulté ; descendre ainsi de la philosophie à l'histoire, c'est de toutes les opérations de l'esprit celle qui exige peut-être le plus de logique et surtout le plus d'impartialité, celle où une précipitation trop grande, trop peu réfléchie constituerait conséquemment une source d'erreurs calculées ou involontaires. M. Tissot, avec ce coup d'œil expérimenté, avec cette sagacité du penseur qui ne pense que pour recueillir avec soin les fruits de ses observations et arriver ainsi dans la science humaine au plus haut degré de certitude, ne manque pas de signaler les fautes principales ordinairement commises dans ce travail de déduction soit par les publicistes, soit par les orateurs, trop enclins à s'armer de comparaisons légèrement étudiées, incomplètes, ou faussées par l'esprit de système préconçu et de parti pris, le plus terrible ennemi de la vérité. Je ne veux point rappeler ces fautes; mais il en est une, il est un travers devenu si général chez nous, qu'il est impossible de ne pas le mentionner en passant : c'est celui qui consiste dans cette manie de vouloir sans cesse trouver notre amélioration dans la seule imitation servile des nations voisines, et de l'y chercher d'une façon exclusive, tantôt chez l'une, tantôt chez l'autre, sans prendre en considération les différences qui nous séparent, et sans nous souvenir que nous portons en nous-mêmes le meilleur élément de grandeur et de progrès, ce sentiment patriotique, ce sentiment de générosité et d'indépendante et chevaleresque loyauté qui dans nos plus accablants désastres commandent encore à nos vainqueurs respect et admiration. Pourquoi cette humilité, pourquoi cette tendance excessive à chercher sans cesse des maîtres à l'étranger ? Oh ! sans doute elle est la meilleure preuve d'un sincère et irrésistible désir de progresser, mais ne l'est-elle pas en même temps de l'ignorance où nous sommes de nos forces, de notre valeur, de nos ressources ? n'est-elle pas une regrettable et dangereuse défiance de nous-mêmes ? N'y a-t-il pas là enfin autant à reprendre que dans les tendances contraires de ces patriotes exagérés qui, de leur côté, se refusant à prendre le bien où il se trouve, si ce n'est chez eux, repoussant sans distinction toute idée d'emprunt aux autres peuples, et persistant à toujours vivre sur eux-mêmes, sous prétexte d'affection admirative pour leur patrie, l'exposent ainsi à ne pas marcher de pair avec les pays de même ordre et à être un jour au-dessous d'eux au lieu de les dominer comme c'est, comme ce doit être le rôle de la France ?

J'insiste avec M. Tissot sur ce travers, pour le condamner avec lui : « On raisonne, en général, avec trop peu de scrupule logique d'un peuple à un autre ; on ne tient pas assez compte des différences profondes de races, de mœurs, de religions, d'instruction, de climats, etc. C'est à peine si l'on peut raisonner d'un peuple dans des temps et des circonstances déterminés, à ce même peuple dans d'autres circonstances et dans d'autres temps. Et l'on voudrait, en partant de vagues similitudes, c'est-à-dire de certaines généralités plus ou moins légitimement obtenues, statuer sur le possible ou l'impossible, le probable ou l'improbable, chez un peuple d'un caractère tout autre à certains égards, et placé dans une multitude de circonstances fort éloignées d'être les mêmes! Les uns voudront en conséquence que l'Angleterre serve de modèle à la France, d'autres la mettront à la suite des États-Unis ; ceux-ci voudraient qu'elle copiât la Suisse, ceux-là qu'elle prît les institutions germaniques, les prussiennes surtout. Il en est au contraire qui, par esprit de fausse nationalité ou d'un patriotisme étroit, ridicule et mesquin, opineraient volontiers pour que la France fermât les yeux sur tout ce qui se passe au dehors, et que, comme un autre empire du milieu, elle ne voulût relever que de ses propres idées, n'en eût-elle point, et fût-elle condamnée à l'immobilité quand tout le reste marche autour d'elle. Aussi en est-il entre ces patriotes si fièrement exclusifs, qui, pour échapper aux reproches et aux dangers de l'immobilité, imaginent qu'en retournant à quel-

qu'un de ses vomissements du passé, la France y trouverait la santé et la force dont le besoin, hélas ! est si sen-
sible. »

Arrivant aux associations diverses que l'État est appelé à
protéger, M. Tissot tranche d'un mot une question qui ne devrait pas se soulever, tant l'intérêt public, l'intérêt de l'État,
semble dominer tous les autres et conséquemment devoir
servir de règle indiscutable pour la résoudre en toute occasion, mais dont malheureusement les événements et les contradictions des partis exigent l'examen et la solution. Ces
déplorables contradictions, causes incessantes d'irritation, de
colères dont le seul résultat est d'éloigner indéfiniment l'heure
de la conciliation et de l'apaisement et qui usent ainsi, non-
seulement sans profit, mais au grand préjudice de l'ordre et
de la tranquillité publique indispensables pour fonder enfin
un avenir prospère, un temps précieux, qu'il serait urgent
d'employer plus avantageusement, ne nécessitent-elles pas,
en effet, que chaque vérité, même la plus palpable, la plus évi-
dente, soit justifiée, que les axiomes soient examinés et réso-
lus comme des problèmes ?

« En parlant des associations diverses que l'État est appelé à
protéger, — les associations économiques ou à but matériel,
les associations intellectuelles ou scientifiques, les associations
morales ou de bienfaisance, les associations religieuses, —
nous n'avons point parlé des associations politiques. La raison
en est simple : c'est qu'il ne doit y avoir dans un État qu'une
association de cette espèce, celle-là même qui constitue la cité.
Des associations politiques qui auraient un autre but, d'autres
intérêts et d'autres moyens d'action que le but, les intérêts, les
moyens de la communauté tout entière en seraient nécessairement les ennemis. Chaque citoyen étant membre de la cité se
trouve par là même associé politiquement à tous les autres,
et ne peut, sans contradiction, être membre d'une autre so-

ciété politique différente de celle-là, qui serait cependant
formée dans son sein. »

Il établit toutefois avec soin la distinction à faire entre
les associations politiques dont il demande l'interdiction et les
réunions politiques qui n'ont et ne doivent avoir d'autre but
que dé former les citoyens à l'éducation politique, de préparer
leur entente au sujet de choix électoraux, de recevoir et de
juger les comptes que leurs élus leur doivent comme tout
mandataire à ses mandants, d'apprécier même et d'approuver
ou condamner la politique du pays, l'administration des gouvernants : assemblées utiles à la fois pour les citoyens pris in-
dividuellement, puisqu'elles doivent les éclairer sur leurs devoirs et sur leurs droits ; pour le pouvoir auquel elles peuvent
indiquer la marche de l'opinion, le véritable sentiment de
ceux qu'il est appelé à représenter; non moins utiles au
maintien de l'ordre, parce que, débouchés ouverts à la liberté, elles servent, pour ainsi dire, en en prévenant les
dangereux écarts, de soupapes de sûreté, et forment, en
rendant légale son expansion, une garantie contre les excès
de la licence insurrectionnelle, qu'une maladroite compres-
sion peut seule expliquer, sans jamais la justifier d'ailleurs,
et qui ne devient périlleuse, en France surtout, que lorsqu'elle peut s'honorer avec quelque apparence de raison, du
faux titre d'acte de courage. « Ces réunions, ajoute M. Tissot,
essentiellement temporaires et de circonstances, comme à
la veille des élections d'un ordre ou d'un autre, sont de droit
naturel, et ne doivent avoir besoin d'aucune autorisation. Il
suffit qu'elles soient publiques, ou tout au moins que le
gouvernement soit admis à savoir ce qui s'y passe, et qu'il
puisse, s'il le faut, réprimer les excès qui pourraient s'y
commettre, pour qu'elles aient lieu de plein droit. Nous ne
voyons même pas pour quelles bonnes raisons elles ne pourraient pas avoir une sorte de permanence. » Sur ce dernier

point, j'irais volontiers plus loin : non-seulement, en effet, je ne vois pas de bonnes raisons pour empêcher la permanence, mais j'en vois plusieurs pour la justifier et, je dirai plus, pour la faire souhaiter. Ce n'est pas en un jour qu'un peuple peut faire son éducation politique et morale, et ces réunions devant être pour lui une école, je ne verrais guère d'inconvénient et je trouverais beaucoup d'avantage à ce qu'il les fréquentât assidûment, à ce qu'il consacrât ainsi à son instruction les loisirs que laisse le travail plutôt que de fréquenter tant d'autres mauvais lieux où il ne recueille que des habitudes de paresse, d'oisiveté, où il déshonore, en les gaspillant, les fruits d'un labeur qu'il doit à sa famille, et où il apprend à accepter, toutes faites sans les raisonner et les contrôler, les idées que les charlatans et faiseurs de dupes lui insinuent aisément en flattant ses appétits et en faisant appel à toutes ces mauvaises passions dont le développement engendre l'odieuse envie et à sa suite le crime ! Voilà une de mes raisons. — En voici d'autres : la permanence ne serait-elle pas la meilleure garantie du calme dans les discussions et conséquemment de la tranquillité et de la sécurité publique ? Ne serait-elle pas un moyen de répandre les grandes vérités par une lutte froide et continue avec le mensonge, de détruire par le frottement répété des citoyens de toutes conditions tous ces fâcheux préjugés qui fomentent la discorde, et dont la disparition, en permettant à la confiance réciproque de s'établir, amènerait bien vite l'entente ? ne ferait-elle pas surgir enfin, pour les différents mandats de la vie publique des candidats capables et exercés, dont les titres indiscutables, connus de tous, rendraient inutiles toutes ces démarches, toutes ces courses au clocher indignes que nous retrouvons à chaque période électorale, et qui suffisent bien, à coup sûr, pour éloigner des fonctions électives, au grand détriment de la chose publique, ceux qui peut-être en seraient les plus dignes, mais auxquels répu-

gnent à bon droit les honteux errements de l'intrigue et de
l'ambition personnelle? D'un côté, le calme n'est-il pas d'autant plus assuré que ceux qui discutent ont une plus grande
habitude d'exprimer leurs pensées, qu'ils ont pu déjà acquérir
une science plus certaine en arrivant à ne garder de convictions que les croyances qu'ils font reposer sur des données suffisamment étudiées? D'un autre côté, n'est-il pas évident que,
dans les réunions accidentelles, l'animation doit être plus
vive? si c'est une occasion éphémère pour les homme sages
de faire quelque leçon utile, n'en est-ce pas une aussi pour
les turbulents, d'étouffer leurs voix par de grands mots, vides
de sens moral, souvent de sens commun, mais que la foule
inconsciente applaudit trop aisément? L'orateur, pressé dans
ces conférences passagères, accumule tout ce que peuvent lui
suggérer ses tendances, ses passions personnelles, il vide
son sac, qu'on me pardonne l'expression, il éblouit par le
nombre, par l'exagération de ses arguments, par leur gros-
sière trivialité elle-même; il excite, mais il n'éclaire pas. Sup-
pléant le plus souvent à la logique et à la raison par les effets
d'organe et par l'impudeur d'une parole malsaine qui n'a
cours que parce que les auditeurs qui s'en dégoûteraient vite,
s'ils l'entendaient souvent, n'y sont condamnés qu'un moment,
il obtient enfin presque toujours le dernier mot, et, au lieu
d'avoir gagné à la réunion, ceux qui y ont assisté en valent
pire. Ce n'est, selon moi, je le répète, qu'à la condition d'être
suivies, permanentes, que les réunions publiques peuvent réellement conduire à un résultat satisfaisant, être une école
véritablement utile et sans danger.

A l'appui de ses opinions, M. Tissot a cité les noms d'un certain nombre de publicistes les plus autorisés, mais il n'a pas
négligé de citer aussi les partisans des doctrines contraires aux
siennes, ou qui, tout en se rapprochant théoriquement de ses
principes, s'en sont pratiquement séparés sans craindre de se

M.   2 donner à eux-mêmes le plus éclatant démenti. Entre tous, il a suivi particulièrement, dans la contradiction qui a perpétuellement existé entre ses actions et ses maximes, l'auteur des idées Napoléoniennes. Entre tous il l'a choisi, « à raison du trop grand poids dont ses pensées et ses actes ont pesé sur la France, » mais « sans désir d'insulter à une grandeur déchue ni de récriminer avec amertume, » ce qui eût été une double faute « quand on a tant et de si grands torts à confesser. » Je me garderai bien de refaire avec lui cette enquête pénible, si pleine de regrets et d'humiliations ; je me contenterai de souscrire simplement à ses conclusions : « l'enseignement qui ressort avec une entière évidence de cette terrible leçon, n'est-il pas que le pouvoir absolu est essentiellement pernicieux pour les peuples, et pour les princes, mais qu'il ne l'est jamais plus que lorsqu'il a énervé et corrompu les uns et les autres par une longue habitude de dépendance excessive et d'autorité sans bornes. » Je me contenterai, dans la perplexité où nous laisse trop longtemps l'incertitude de notre avenir politique, de me demander aussi « sans vouloir instruire une cause qui se juge maintenant avec une irritation, hélas ! trop facile à concevoir, si les fautes qui nous ont perdus eussent été aussi faciles à commettre sous le régime républicain que sous le régime monarchique, et si le motif de la préférence donnée, on sait comment, à cette seconde forme gouvernementale, n'a pas été le principe même de nos épouvantables calamités ! »

M. Tissot conclut à la République ; il est difficile, selon lui, de ne pas reconnaître que, malgré les répugnances de certaines gens à l'appeler de ce nom, c'est la République qui nous régit actuellement, et qu'on ne pourrait essayer de revenir à une monarchie que par une nouvelle révolution, funeste à l'intérieur comme toutes les révolutions, mais que rendraient peut-être fatale à la France les circonstances exceptionnellement douloureuses où elle se trouve vis-à-vis de l'étranger. « Pourquoi donc la grande masse des honnêtes gens, des hommes d'ordre, n'est-elle pas tout entière pour la république? c'est qu'elle craint que la démocratie ne dégénère en démagogie, que la démagogie n'amène l'anarchie, et l'anarchie le despotisme militaire, à la suite duquel viendrait une nouvelle république, et toujours ainsi. » Cette explication est bonne : la grande masse des honnêtes gens a peur; mais elle est incomplète, et il faut y ajouter comme une autre influence antirépublicaine celle de l'intérêt, le regret chez un certain nombre des priviléges ou des avantages honorifiques et matériels qui leur sont enlevés, influence qui, comme la première, disparaîtra avant une génération; il faut y ajouter comme un mobile non moins puissant, mais plus respectable, ce qui à l'honneur de ceux qui le subissent peut lui assurer plus de vitalité, le souvenir reconnaissant dû aux différentes monarchies par leurs différents obligés; souvenir qu'il en coûte plus qu'on ne le croit de conserver inactif et platonique quand il est inspiré par des sentiments profonds et sincères.

Mais, se demande-t-il, un gouvernement, autre que la république, est-il donc possible? Trois candidatures monarchiques sont en présence : celle qui, à l'ombre du drapeau blanc, représente l'alliance du trône et de l'autel, avec son mysticisme et ses inadmissibles prétentions, dont il ne serait pas français d'oublier les glorieux services, mais dont il le serait moins encore d'oublier les fautes; qui doit, il est vrai, imputer sa faiblesse bien plus à l'impopularité et à l'incorrigibilité de ses partisans qu'à elle-même, mais que condamne, comme véritablement insensée, la grande loi d'égalité, de liberté qui constitue notre foi politique moderne; celle de l'Empire, qui nous a mis où nous sommes; enfin celle de la royauté constitutionnelle, noblement représentée par cette sympathique famille *dont tous les hommes sont braves et toutes les femmes sont chastes*, mais dont le caractère de république démocratique avec présidence héréditaire pourrait seule assurer la durée. « Contre l'une l'absurde, contre la deuxième l'indignité, contre la troisième les vices mêmes inséparables de la monarchie.»

Il faut donc convenir, en sacrifiant, non sans d'amers regrets peut-être, mais du moins sans arrière-pensée et en toute loyauté, les préférences du cœur aux convictions de la conscience, il faut convenir que la république, *celui de tous les gouvernements qui nous divise le moins*, dont la royauté ne pouvait plus, au dire de Chateaubriand, qu'être la nourrice, peut réellement s'établir et durer ; mais, ainsi que le fait encore remarquer M. Tissot, on ne se peut refuser à reconnaître en même temps que ce n'est qu'à certaines conditions. Ces conditions, les voici telles qu'il les présente. Je copie textuellement, car c'est une page de conseils, à l'adresse surtout des timides et des hésitants, amis du second ou du troisième degré de la république, c'est-à-dire des honnêtes gens qui consentiront bien à vivre avec elle et même à en profiter si elle s'établit, mais qui, en attendant, n'ont garde de l'aider à s'établir, et il n'est pas inopportun de la reproduire :

« Quant à la République, elle vaudra juste ce que vaudront les citoyens qui la composent, et ne durera qu'autant qu'ils la feront durer. J'admire vraiment une multitude de gens qui s'accommoderaient, disent-ils, d'une République honnête, qui la trouveraient même la meilleure forme de gouvernement, et qui cependant aiment mieux en désespérer que de faire quoi que ce soit pour elle, comme si elle pouvait exister sans appui ou qu'elle fût absolument impossible ! Elle est, et ils veulent qu'elle ne soit pas. Elle ne demande qu'à vivre, à grandir, à se fortifier, et ils la condamnent à périr d'inanition. Elle leur donnerait la stabilité et l'avenir qu'ils désirent si fort et si justement, et, par bassesse d'âme, ils préfèrent des monarchies plus ou moins impossibles, avec l'éternelle perspective des révolutions. Ils retourneraient plutôt à ce qu'il y a de pire en fait de monarchie que de consentir à déployer les efforts et les vertus qu'exigerait une saine et forte république. Il n'y a pourtant de salut qu'en elle, comme elle n'est possible qu'à la condition de s'y attacher, de la vouloir sincèrement et virilement. Pourquoi ne pas s'appliquer avant tout à la réalisation du programme tracé avec un bon sens si élevé par le grand citoyen auquel le pays a confié la haute direction de ses intérêts les plus chers? Pourquoi ne pas s'appliquer tout d'abord à sauver le pays d'une ruine imminente, surtout en préparant la jeunesse aux vertus sévères de l'homme digne de se gouverner lui-même? Mais comment cela? Par une large instruction obligatoire pour tous, puisqu'elle est nécessaire à tous et dans l'intérêt de tous, par un enseignement pénétré de cet esprit laïque ou de libre jugement, de saine critique et de conviction raisonnée, qui doit présider à toute doctrine du ressort exclusif de la raison et de l'État; par une forte éducation morale, économique et politique; enfin par une éducation militaire destinée en tout temps à prévenir ou à corriger la mollesse de nos mœurs, à rapprocher les conditions diverses, à les fondre au moyen de l'assistance, de l'estime et de la fraternité mutuelles, à former enfin, tant que le désarmement ne sera pas universellement convenu et réalisé, une armée nationale toute prête à défendre le sol menacé de la patrie. A ces conditions, la république peut s'établir et durer. »

J'en ai fini avec cette préface, véritable profession de foi pour tous ceux qui partagent comme moi, d'une façon à peu près absolue, les principes de sage modération mais de ferme conviction qui y sont émis et développés, et qui croient à la République *conservatrice, sagement progressive*. Reste à parcourir le vaste champ qu'elle ouvre à l'examen, dans le domaine du droit constitutionnel, des différents éléments qui le composent. Je vais essayer de le faire, en me restreignant toutefois, bien entendu, à l'étude des questions qui présentent le plus d'intérêt au point de vue de l'actualité ou de leur importance intrinsèque et en ayant soin surtout de m'en tenir à celles dont il m'est permis d'apprécier la solution, sans risquer d'être accusé de vouloir incompétemment traiter de choses que je n'ai point apprises.

I

Dans une introduction qui prépare le lecteur à l'intelligence
des différents chapitres qui vont suivre, M. Tissot a com-
plété sa préface par des considérations sur le droit public tel
qu'il a soin d'en déterminer la nature, l'origine et la fin;
de ces considérations il résulte que les principes de ce droit
ont naturellement pour objet : 1° la nature et les formes de
la société civile ou de l'État; 2° les rapports respectifs de
l'État et des citoyens ; 3° les rapports de l'État et des associations que les citoyens peuvent former dans l'État, quel que
soit leur objet, matériel, moral, intellectuel ou religieux.
Mais je ne m'arrête pas à cette introduction dont plus d'un
passage mériterait pourtant d'être cité, et j'arrive de suite à
ceux des nombreux sujets qu'il a traités qui me paraissent
les plus dignes de fixer l'attention.

Le livre premier est consacré à la société civile et à ses
formes; l'état de guerre d'homme à homme, l'esclavage,
l'état de nature, l'état de famille, l'état social civil y sont tour
à tour envisagés dans un premier chapitre. Un second cha-
pitrè comprend tout ce qui touche aux pouvoirs publics ou à
la souveraineté : au pouvoir législatif, au pouvoir exécutif,
au pouvoir judiciaire, à leur distinction et à leur unité, enfin
au pouvoir souverain. Les formes diverses du gouvernement

et surtout de la démocratie aristocratique ou représentative font l'objet d'un troisième. Enfin, un quatrième est réservé au changement de la forme gouvernementale.

Divisés également en chapitres dont les titres indiquent la substance, les livres II et III ont trait l'un aux rapports des gouvernants et des gouvernés, l'autre aux rapports respectifs de l'État et des associations diverses qui peuvent se former dans son sein, particulièrement des associations religieuses. Il est aisé de deviner les graves questions dont la solution est recherchée dans ces deux dernières parties de l'ouvrage. Quelques-unes ne le cèdent guère par leur importance et par leur intérêt d'actualité à celles qui sont examinées dans la première. Est-il nécessaire, pour le prouver, de citer entre autres celles de l'assistance publique, du droit au travail, de la protection due à la personne, de la protection due aux intérêts intellectuels, etc., celles qui concernent les associations à but matériel, à but intellectuel, les associations morales ou de bienfaisance et surtout les associations religieuses dans leurs rapports avec l'État.

Jetons surtout un regard sur le chapitre 2 du livre Ier consacré aux différents pouvoirs publics et à la souveraineté. « Il y a, dit l'auteur, en terminant l'examen du premier état social civil, il y a, dans toute communauté, deux choses à distinguer : 1° une règle qui doit être juste ; 2° un pouvoir légitime qui la fasse respecter, » et il est ainsi amené à parler successivement du pouvoir législatif qui crée la règle, du pouvoir exécutif qui veille à son exécution, enfin du pouvoir judiciaire qui l'interprète doctrinalement et l'applique. Suivons-le à grands pas en nous contentant de signaler celles de ses affirmations sur lesquelles il peut sembler utile d'insister, celles qui, au contraire, paraissent prêter à une critique sérieuse, et en nous expliquant çà et là sur certains points qui ont dû nécessairement échapper à son travail, plus philoso-

phique que pratique, où conséquemment les principes avaient
droit à la plus grande place.

« Nul n'a de pouvoir naturel et de droit sur autrui; chacun
ne relève que de soi et de Dieu. » C'est en partant de ce grand
principe de l'indépendance juridique naturelle de l'homme
à l'égard de son semblable, que M. Tissot démontre que la
nécessité de soumettre toutes les volontés particulières à une
règle commune ne saurait jamais autoriser dans cette règle
ni l'arbitraire, ni aucun écart de la loi supérieure, qui veut
la conservation, le bonheur et le perfectionnement de
l'homme. Il est difficile de ne pas en cela partager son avis;
mais il va plus loin : il établit corollairement que les membres d'une communauté dont les droits seraient lésés par des
lois contraires au but social, pourraient légitimement, s'ils ne
voulaient point les subir, soit en demander l'abrogation, soit,
au besoin, chercher à s'y soustraire, dût leur désobéissance
entraîner un plus grand mal que celui qui serait résulté de
leur soumission. Il m'est impossible de souscrire à une pareille opinion, qui ne conduirait ni plus ni moins qu'à l'indis-
cipline et à la pratique de cette célèbre théorie « que l'insur-
rection est le plus saint des devoirs. » Demander l'abrogation,
très-bien; mais désobéir et se mettre en révolte ouverte
contre la loi, non. Une telle solution n'est pas seulement violente en apparence, comme le prétend M. Tissot, elle l'est
en réalité, et c'est en vain que, pour la justifier, il invoque
cette pensée, que ceux qui souffrent d'une loi injuste sont
bien libres de s'exposer à un inconvénient plus grave encore
en ne se soumettant pas, et qu'on ne peut juridiquement les
contraindre à une prudence toute personnelle; c'est en vain
qu'il invoque la propre responsabilité de ceux qui, par l'éta-
blissement d'une loi injuste, ont mis ceux qui en souffrent dans
le cas de lui désobéir justement. Sans doute la loi ne doit
point être arbitraire, sans doute elle doit toujours être con-

forme à la plus stricte équité, mais après tout, peut-on bien
oublier que, pour se modeler sur la loi divine, la loi supérieure, elle n'est jamais que la loi humaine, par cela même
imparfaite nécessairement, mais aussi toujours perfectible.
Tant qu'elle existe et telle qu'elle existe, il faut donc la respecter, par cela seul qu'elle est la loi, ce qui n'empêche nullement de souhaiter, de demander, de préparer sa modifica-
tion par les moyens réguliers. Il ne suffit pas de dire : « en
deux mots, le législateur n'a et ne peut avoir de mission
que pour remplir les intentions de la nature sur le bien-être
et le perfectionnement de l'homme en société. S'il s'en
écarte, il commet un abus de pouvoir, perd son caractère et
ne mérite plus ni respect ni obéissance. » Il faut faire la part
de la faillibilité humaine, et à côté de l'abus de pouvoir volontaire, relever au moins aussi l'erreur possible qui, pour
avoir quelquefois les mêmes résultats, ne justifierait certai-
nement point d'autres efforts que ceux tendant réguliè-
rement, par les moyens légaux, à une réforme indiquée par
la raison. Comment admettre une théorie qui, par le fait,
rendrait chaque membre de la communauté juge de la loi et
maître de la suivre ou de ne la point suivre ? Ne serait-ce
pas vraiment le désordre organisé, et, au point de vue parti-
culier du droit constitutionnel, une source funeste de troubles
incessants, la légitimation de toute tentative révolutionnaire ?
Je fais au savant philosophe toutes les concessions en ce qui
regarde les précautions qui doivent suivant lui entourer la
confection des lois, et je reconnais que ces précautions sont
grandes, à en juger par les catégories de personnes auxquelles
il propose de refuser l'exercice des droits législatifs ou électoraux; mais, une fois établies, je ne reconnais à personne
le droit de les violer, et aux mécontents je n'accorde que celui
de les critiquer et de les faire modifier ou supprimer réguliè-
rement, s'ils le peuvent. Pas plus en législation qu'en poli-

tique, je n'admets de transformation violente, je n'admets d'autre révolution qu'une révolution pacifique, progressive et raisonnée.

Que le peuple choisisse bien ses mandataires, parmi les hommes dignes de le représenter; que, sans faire abstraction des tendances politiques qui doivent être les mêmes que les siennes, il ne borne pas à ces seules tendances la raison de son choix ; qu'il exige d'eux la science, le désintéressement, la connaissance de ses véritables besoins, la dignité qui s'impose et finit toujours par faire pâlir et taire l'intrigue, le courage qui lutte avec persévérance et surtout le caractère qui ne transige jamais avec la conscience, et seul doit inspirer une confiance sérieuse et solide ; et, les législateurs étant bons, les lois seront bonnes; la passion ardente et le plus souvent aveugle des partis fera place au patriotisme calme et éclairé ; tous les intérêts, tous les principes seront également respectés, la loi enfin sera devenue vraiment ce qu'elle doit être, l'expression de la volonté générale; elle sera plus encore, elle commandera à cette volonté et la conduira peu à peu au but moral de ses sages prescriptions. « Un peuple qui se reconnaît digne d'être gouverné par les lois et selon les lois éprouve le besoin d'avoir des lois dignes de lui, a dit Portalis (1); » on peut, sans crainte de se tromper, affirmer tout aussi bien que les bonnes lois font les peuples dignes d'elles, et que si, en général, elles doivent subir l'influence des mœurs, elles ne doivent pas moins s'efforcer de les diriger en les dominant.

Et peut-être serait-ce ici le cas de manifester quelque étonnement de ce que les gouvernements aient toujours laissé de côté le meilleur, le premier moyen qui s'offre à la pensée d'arriver peu à peu à l'amélioration des lois, en tous cas de leur faire suivre les progrès du temps. Un honorable mem-

(1) Observations sur le Code Sarde, p. 12.

bre de l'Assemblée nationale, que sa haute intelligence et son
expérience consommée des affaires judiciaires rend particulièrement compétent en semblable matière, M. Le Royer,
rappelait dans un récent rapport ce vieil et véridique adage,
que « la pratique est la pierre de touche des lois (1) ». Comment se fait-il donc qu'à côté de ces innombrables commis-
sions appelées à étudier, à préparer nos lois, il ne s'en forme
pas une . supérieure, composée de l'élite des sommités juri-
diques, qui, permanente au ministère de la justice, aurait
pour mission spéciale de recevoir, d'examiner, de peser les .
observations dans lesquelles chaque année chacune de nos
.Cours d'appel, renseignée elle-même par les tribunaux de
son ressort, serait tenue de lui signaler les points de notre
législation, lui paraissant susceptibles de quelque. changement utile? De cette continuelle épuration, si je puis m'exprimer ainsi, opérée par ceux-là même qui, sans cesse appelés
à fouiller, à dépouiller nos codes, dont ils voient ainsi mieux
que tous les autres le fort et le faible, ne sortirait-il pas autant
de lumière que de l'initiative privée de chacun de nos législateurs, ou de cet amas de pétitions où la raison n'est pas toujours ce qui surnage le plus ? Il y a mieux : ne serait-ce pas
une digue à opposer à l'habitude beaucoup trop grande, et
que, pour ma part, je déplore comme une faiblesse, que
semblent prendre les tribunaux de tous les degrés, d'éviter
de juger en droit, et, par un esprit d'équité qu'on n'oserait
blâmer, mais qui est trop peu juridique à coup sûr, de prendre les choses en fait, toutes les fois que les circonstances
de la cause peuvent le permettre. Quelle est donc la raison
principale de cette habitude, si ce n'est une répugnance involontaire et généreuse à appliquer rigoureusement des pres-

____

(1) 4ᵉ rapport fait au nom de la commission chargée d'examiner la proposi-
tion de loi de M. Ducuing sur les concordats amiables, présenté le 15 mai 1872
Officiel, nº du 5 juin 1872).

criptions qui semblent contraires à une saine et bonne justice, qu'on élude en les tournant, pour faire en réalité indirectement ce qu'on ne pourrait faire directement, sauver par le fait le procès du plaideur auquel en droit on devrait légalement le faire perdre ! S'il en est ainsi, et cela se produit aussi bien au civil qu'au correctionnel, ne vaudrait-il pas mieux, mille fois mieux, ne fût-ce que pour la dignité de la justice, que le législateur fût incessamment mis en demeure de corriger la loi que de laisser le juge placé dans cette alternative également douloureuse d'appliquer une règle qui lui paraît injuste ou de la violer en cherchant à lui échapper par un subterfuge ? J'ajoute qu'à cette commission pourrait être confié un autre travail non moins important et depuis longtemps réclamé, celui de la détermination précise de la partie de notre législation qui doit être considérée comme abrogée, et dont la suppression définitive ferait disparaître enfin les doutes et les contradictions qui s'élèvent chaque jour au sujet de nombre de dispositions, en même temps que la crainte, mal fondée, je le veux bien, mais néanmoins toujours subsistante, des abus que l'on pourrait, dans des cas donnés, faire de certaines d'entre elles. Il ne faut pas oublier, ainsi que le dit M. Tissot, que le juge n'a pas le droit de laisser lui-même tomber une loi en désuétude et d'usurper ainsi, par une abrogation qu'il ne lui est pas permis de prononcer, les fonctions du pouvoir législatif; mais que, de son côté, ce dernier pouvoir se souvienne aussi qu'il est dans ses attributions exclusives, conséquemment dans ses devoirs, de déclarer cette abrogation quand elle est devenue nécessaire, et qu'il peut être souvent d'un aussi grand intérêt de détruire ce qui ne doit plus être que de faire du nouveau.

M. Tissot, à propos du pouvoir législatif, examine bien des questions sur lesquelles je puis passer, mais il en est qu'il m'est impossible de ne pas citer; il traite notamment de la formation du Corps législatif dont il repousse absolument et avec raison l'hérédité, et pour lequel il ne reconnaît d'autre source que l'élection ; « il ne doit y avoir, dit-il, qu'un législateur, le peuple, légiférant par représentation. » Il aborde la question de la coexistence de deux chambres ; partisan de l'élection, il ne paraît pas, sans toutefois la trouver bien justifiée, opposé à cette coexistence, pourvu seulement que cette élection soit la source des deux chambres, mais il combat énergiquement la création d'une chambre aristocratique à côté de la chambre démocratique. Ferme dans son principe de l'unité par l'égalité, qui doit faire notre force, il ne voit dans une chambre haute qu'un rouage inutile et dangereux, qu'une institution qui a pu avoir raison d'être lorsque, intermédiaire entre la royauté et le peuple, elle avait en même temps à sauvegarder certains avantages particuliers à la portion de la nation qu'elle représentait, les priviléges, mais qui maintenant qu'il ne saurait y avoir ni opposition entre les intérêts du peuple et la chose de l'État qui ne font qu'un, ni priviléges, ne pourrait d'aucune façon se justifier. Il nie, pour l'avenir, comme dans le présent, toute autre noblesse que celle à laquelle a le droit et le devoir de prétendre tout citoyen pour les services qu'il rend à son pays, véritable patrimoine d'honneur, dont hérite sans doute sa famille, mais à titre d'exemple qui l'oblige en l'honorant. Il est d'accord, à cet égard, avec Voltaire, qui, remarque-t-il, n'entendait point parler d'une monarchie constitution-nelle, à plus forte raison d'une république, lorsque cependant il écrivait ceci, tout grand seigneur ou courtisan qu'il aimait à se faire : « Il est sûr que dans toute monarchie modérée, où les propriétés sont assurées, il y aura des familles qui, ayant conservé des richesses, occupé des places, rendu des services pendant plusieurs générations, obtiendront une considération héréditaire. Mais il y a loin de là à la noblesse, à ses exemp-tions, à ses prérogatives, aux chapitres nobles, aux tabourets, aux cordons, aux certificats de généalogistes, à toutes ces inventions nuisibles ou ridicules, dont une monarchie peut sans doute se passer. »

A propos de la formation du corps électoral, un des sujets qui comportent les plus graves réflexions, car la loi électorale est, pour ainsi dire, le pivot de tout l'édifice politique, M. Tissot est d'avis, comme je l'ai fait observer, d'apporter la plus grande vigilance dans la composition du corps des électeurs ; il n'hésite pas à prononcer non-seulement les exclusions que commande la moralité et que personne n'imaginerait de contester, celles des incapables et des indignes, mais il écarte encore du scrutin comme dangereuse la catégorie, «peu morale d'ordinaire, peu instruite et facile à corrompre,» des mendiants et des indigents, et comme trop peu indépendante, celle des gens qui peuvent être regardés comme n'étant point assez *sui juris*, « les domestiques, les journaliers, les ouvriers des ateliers ou ceux qui sont employés par des entrepreneurs, en général les hommes des hommes. » J'hésite, quant à moi, je ne le dissimule pas, à le suivre dans une voie aussi large. Il y aurait, je crois, à rabattre dans cette énumération un peu trop élastique de gens dépendant, il est vrai, par état, des patrons ou des maîtres qui les occupent, mais pouvant fort bien malgré cela demeurer indépendants par caractère et conséquemment être dignes du droit de vote. «Au reste, dit-il lui-même, ce qui atténue le danger de l'influence des maîtres et des patrons, c'est : 1° le nombre relativement petit ; 2° la contrariété des influences, ce qui fait qu'elles se paralysent ; 3° la position plus indépendante qui peut être faite à la fonction ouvrière. » Il convient d'ajouter que si la condition d'indépendance absolue devait être prise en si grande considération, on arriverait à bien d'autres exclusions, et la liste électorale devrait se restreindre singulièrement. Quel fonctionnaire public, en France, à l'exception des magistrats inamovibles, qui ne relèvent que de leur conscience et de la loi, pourrait se dire réellement indépendant?

Il va sans dire que M. Tissot se préoccupe naturellement aussi de la capacité des femmes, qu'il effleure tout au moins dans les lignes suivantes : « Les femmes, ayant un même intérêt avec leurs maris, sont représentées par ces derniers. Elles sont censées mineures tant qu'elles ne sont point mariées, et en curatelle lorsqu'elles le sont. Quand l'instruction qu'elles doivent recevoir sera plus générale et plus solide, elles pourront, si elles sont chefs de famille, c'est-à-dire hors de la puissance paternelle ou maritale, exercer leurs droits civiques. » Il parle pour l'avenir ; il parle avec le vif désir d'éviter les discussions et les querelles politiques dans le ménage où le droit du plus fort pourrait trop souvent devenir le meilleur ; mais la solution qu'il propose donnera-t-elle toute satisfaction aux ambitieuses, jalouses d'exercer en personnes un droit que leur représentant n'exercerait peut-être pas à leur gré ? Contentera-t-elle même, malgré les ménagements dont il l'entoure, les adversaires de la citoyenne, qui ne veulent connaître la femme que par ses vertus privées, et trouvent assez noble pour ne pas chercher à l'élever, assez vaste pour ne pas chercher à l'agrandir par les attributions politiques, son rôle privilégié, si touchant et si fécond déjà de fille, de sœur, d'épouse et de mère ? J'ai quelque part ailleurs (1) exprimé ma confiance extrême dans l'heureuse part que peut avoir à notre régénération morale l'éducation bien entendue de la femme. « C'est en elle, ai-je dit, qu'est peut-être le salut, » mais, tout en rendant aussi hautement hommage à ses qualités et à leur bienfaisante influence sur les mœurs et le bonheur du pays, je suis loin d'être convaincu que leur immixtion à l'administration et à la politique n'aurait pas, en la faisant sortir de son rôle naturel, des résultats plutôt fâcheux qu'utiles.

(1) L'Ivrognerie. L'ivresse doit-elle être punie ? P. 107.

« Le second attribut de la souveraineté, dit M. Tissot, est le pouvoir exécutif. Il doit être subordonné au pouvoir législatif; il ne doit donc faire que ce qui est voulu ou autorisé par la loi. » Ajoutons qu'il doit faire tout ce qui est commandé par la loi, afin de ne laisser aucune place à l'arbitraire, le pire des maux. « Il doit donc être choisi, institué, surveillé, contrôlé, et, s'il le faut, mis en accusation, poursuivi par le Corps législatif et par conséquent acquitté ou condamné par les tribunaux ordinaires ou par un sénat électif. » M. Tissot reconnaît d'ailleurs que les ministres peuvent être seuls reponsables des actes du gouvernement, puisqu'ils sont toujours libres de participer ou de ne point participer à ces actes. C'est une très-heureuse invention de la politique moderne, dit-il, que d'avoir empêché ainsi de gouverner le chef de l'État lui-même dont l'ordre public exige l'inviolabilité. Et en effet l'accord ou le désaccord des ministres et de la chambre lui trace ainsi sa ligne de conduite naturelle. Dans le premier cas, pas de difficulté; dans le second, la dissolution du Corps législatif, en donnant au pays le moyen de juger lui-même le différend, lui indique d'une façon certaine s'il doit ou non conserver son ministère, suivre ou quitter la voie politique dans laquelle il est entré.

M. Tissot fait très-justement remarquer, à propos des fonctionnaires, que tout citoyen chargé d'un emploi public doit pouvoir se considérer comme serviteur de l'État, et non comme celui du prince ou du ministre, et il donne les moyens d'arriver à généraliser une indépendance malheureusement trop restreinte encore ; si restreinte, que ceux qui osent n'être pas les amis du prince ou du ministre sont impitoyablement accusés, fort souvent à tort, d'être les ennemis de l'État lui-même, quand au contraire c'est pour contribuer à le sauver qu'ils s'efforcent vainement de crier les vérités qu'on se refuse à entendre. Ces moyens sont-ils les meilleurs ? je l'ignore : l'élection

y aurait une grande part et l'élection a ses mauvais comme ses
bons côtés ; il en est un toutefois qui n'offrirait que des avantages, c'est l'obligation de justifier toute disgrâce, toute des-
titution par une enquête préalable, sérieuse et contradictoire.
Quoi qu'il en soit, on ne peut que s'associer à un vœu qui a
pour but d'apporter dans nos habitudes une transformation
dont le résultat assuré serait un progrès véritable et de la plus
grande importance.

La question du traitement des fonctionnaires est bien à sa
place après celle de leur sécurité ; M. Tissot la regarde avec
raison comme une de celles qui méritent d'être mûrement examinées. C'est émettre une pensée qui n'est qu'une pensée de
justice que dire avec lui que si le traitement des fonctionnaires
ne doit pas être destiné à les enrichir, surtout s'ils doivent
avoir une retraite, il faut du moins, en retranchant sur les
hauts emplois généralement trop rétribués, arriver à rému-
nérer suffisamment les emplois inférieurs qui ne le sont pas
assez. Faut-il, comme il le propose, supprimer en même
temps à certaines fonctions élevées qui en ont joui jusqu'ici,
tous frais de représentation, ce qu'il regarde comme un faste
inutile, un vain étalage et en tous cas comme un moyen ad-
ministratif qui, fût-il honnête, coûte plus qu'il ne vaut? Je ne
partage pas son sentiment; je trouve qu'il est bon que l'État,
par ceux qui le représentent, puisse toujours paraître au rang
qu'il doit tenir, qu'il ne soit jamais dans une situation d'infé-
riorité vis-à-vis des personnes privées à l'intérieur, pas plus
que vis-à-vis des autres États à l'extérieur. Mais, ce qui me
semblerait indiscutable, ce serait la nécessité pour les fonctionnaires auxquels sont accordés ces frais de représentation
de leur donner l'emploi auquel ils sont destinés et de ne pas
en faire un supplément de traitement; car je n'hésite pas à le
dire, si pour une cause ou une autre ils ne leur donnent pas
cet emploi déterminé, sans lequel il ne leur serait point alloué,

et si, dans ce cas, au lieu de le rendre au Trésor, ils en font leur profit personnel, ils commettent non pas seulement une indélicatesse, mais un véritable détournement de deniers publics, qu'un regrettable usage excuse seul et fait seul absoudre.

J'ajoute que je suis tout près de partager au contraire le sentiment de M. Tissot relativement à l'objection peu fondée que trop souvent l'on oppose à l'idée de diminuer les gros traitements : « On se fait, dit-il, une idée ignoble et fausse de l'esprit et du cœur humain en pensant que si les premières places n'étaient pas largement salariées, aucun homme de talent ne voudrait les occuper. Combien au contraire qui seraient toujours flattés de les remplir par cela seul qu'elles sont les premières, qu'une certaine part de pouvoir et de considération y est toujours attachée, qu'elles donnent la plupart d'autant moins d'occupation qu'elles sont plus élevées? Il est temps qu'on cesse de prétendre au respect et à l'amour des hommes par l'entourage insignifiant et souvent scandaleux de la fortune et du luxe. La justice et la bienveillance sont les seuls titres à de pareils sentiments, le reste n'est que mensonge, corruption, et doit tomber dans le mépris. Heureux quand il ne provoque pas la haine. »

Au sujet de la force armée, « terrible et dangereux élément du pouvoir exécutif, » M. Tissot est amené à faire bien des réflexions auxquelles je ne m'arrête pas ; mais comment ne pas rappeler, comme il le fait lui-même, l'effroyable péril pour un pays de confier au chef de l'État le commandement suprême et d'en faire ainsi l'unique arbitre de ses destinées! Puissent les douloureuses leçons d'une récente et cruelle épreuve mettre enfin l'avenir en garde contre cette confiance aveugle et irréfléchie, cause de tant de sang versé, si pernicieuse aux libertés publiques nécessaires, et qui a coûté si cher sinon à notre impérissable honneur national, du moins à notre sécurité intérieure comme à notre sécurité extérieure.

En arrivant à parler du pouvoir judiciaire et de cette magistrature qui, malgré toutes les attaques erronées ou malveillantes de ceux qui ne la connaissent pas, la connaissent mal, ou la connaissent trop, est et demeurera ce qu'elle a toujours été, la plus pure et la plus noble de nos institutions, la base la plus solide de l'ordre, la sauvegarde la plus puissante de ces droits primordiaux si précieux et si sacrés, sans lesquels aucune société ne pourrait exister, j'entends ceux de la famille, de la propriété, de la liberté individuelle, j'éprouve, je ne crains pas de l'avouer, une certaine émotion. Car je sens que je vais, moi aussi, porter la main sur l'arche sainte, et que, malgré mon sincère et profond respect pour elle, je ne pourrais la justifier d'une façon absolue contre les critiques dont elle est l'objet.

Je ne saurais nier, en effet, tout en repoussant à la fois le système de l'élection et du concours, qui l'un et l'autre pourraient contraindre à des choix déplorables, tout en bornant mon vœu à plus de garanties dans les présentations, qu'il y ait quelque chose à faire relativement au mode de recrutement et d'avancement.

Je pense qu'il y aurait peut-être utilité à réduire le nombre des magistrats non point dans les cours, mais seulement dans certains tribunaux ; qu'il y aurait plutôt opportunité à réduire le nombre des cours et des tribunaux ; car je crois à la nécessité, comme influence morale, des grands corps judiciaires et en même temps à la possibilité de suppressions que semblent justifier les facilités de locomotion chaque jour plus grandes, aussi bien que le trop de loisirs de certains siéges, véritablement inoccupés ; suppressions contre lesquelles on invoquerait vainement un intérêt de clocher, bien minime en vérité, si on le compare à l'intérêt public, à celui de la bonne administration, de la bonne distribution de la justice.

Je pense que si, en l'entourant de suffisantes garanties, le choix des magistrats doit rester entre les mains du chef de l'État, le choix des chefs de chaque compagnie pourrait être sans inconvénient .et même avantageusement confié aux compagnies elles-mêmes sous la seule condition qu'il serait temporaire avec rééligibilité possible. Quel danger verrait-on pour la justice à ce que les cours élisent elles-mêmes dans leur sein, pour trois ans, par exemple, temps après lequel il ne serait pas rééligible immédiatement, leur premier président ; à ce que chacune de leurs chambres choisisse celui des membres la composant qui devra la présider pendant l'année ; à ce que ce fût le corps entier qui désignât les présidents d'assises ? Croit-on donc que les choix s'arrête-raient jamais sur d'autres que sur les plus dignes, que sur ceux qui pourraient par leur savoir, par leur caractère, faire le plus d'honneur à la compagnie ? Et ne serait-ce pas le cas de répé-ter ici avec vérité ce que dit M. Tissot à propos des traitements, que l'honneur serait assez grand pour que le traitement n'ait pas besoin de marquer la différence des situations ? Quel est donc celui qui ne serait pas assez fier d'être l'élu de ses collè-gues et ne se trouverait pas suffisamment récompensé de ses peines et de ses services, lorsqu'il serait par eux proclamé véritablement *Primus inter pares* ? La seule ambition permise au magistrat devenant une ambition d'estime et de considéra-tion ne l'élèverait-elle pas dans l'opinion publique au lieu de prêter à la critique ?

Je pense encore.qu'il n'y aurait qu'à gagner à fonder l'unité judiciaire, en faisant rentrer dans la justice commune et d'une manière uniforme la juridiction administrative et la juridiction commerciale.

Je pense enfin que la première, la plus utile de nos fonc-tions judiciaires, la justice de paix devrait voir s'ouvrir de-

vant elle un horizon nouveau, digne des services qu'elle ne
cesse de rendre, et qu'elle peut rendre plus grands; qu'elle devrait être rémunérée et honorée comme le mérite sa mission,
que notamment l'inamovibilité de fonctions, sinon de rési-
dence, devrait lui être assurée.

Telles sont les réformes auxquelles je souscrirais volontiers;
c'est en cela seulement que je voudrais voir notre organisation judiciaire modifiée, et j'ai la conviction qu'il ne faudrait
pas davantage, d'une part pour faire disparaître les erreurs ou
les abus qui ont pu exceptionnellement se produire dans
la composition du personnel, d'autre part pour fortifier, en le
grandissant, le corps judiciaire et le garder contre toutes les
faiblesses de caractère ou de capacité.

Dans son œuvre, toute empreinte d'une impartialité que ses
adversaires les plus passionnés se plaisent à proclamer eux-
mêmes, que pourrait-on reprendre, en dehors de fautes inhé-
rentes à la faillibilité humaine? J'ai signalé déjà la seule tendance regrettable qu'on serait en droit de lui reprocher et qui
prend sa source bien moins dans ses propres inspirations que
dans l'imperfection de la législation, celle de trop éviter de
juger en droit; loin de chercher à la dissimuler ou à l'atténuer,
j'y reviens et je la livre humblement de nouveau avec ses
causes, avec ses conséquences.

Quelles en sont donc les causes? l'une, que j'ai indiquée plus
haut, est la nécessité morale où croit se trouver quelquefois
le juge, pour ne pas être injuste, de tourner la loi; une autre
peut-être est la crainte révérentielle exagérée d'une réformation ou d'une cassation, crainte qui trouve d'ailleurs fréquemment son excuse dans le désir de ménager les frais toujours
trop considérables imposés aux plaideurs. A cet égard, Dieu
me garde de m'élever contre un respect que je partage pour
les juridictions supérieures, mais je ne puis les regarder
comme tellement infaillibles, malgré leur juste autorité, que

leur jurisprudence doive être une barrière infranchissable, et qu'il faille reculer devant une lutte d'où peuvent jaillir la lumière et la vérité. Je le déclare, dans les arrêts, d'où qu'ils viennent, je ne considère que les motifs. La cour suprême n'a-t-elle pas prouvé elle-même souvent que son désir, comme son devoir, est, lorsqu'elle s'est trompée, de revenir à la saine interprétation de la loi?

Voici maintenant les deux conséquences, matérielle et morale, les plus directes : 1° impossibilité de former une jurisprudence, trop de décisions devenant des décisions d'espèces ; par suite, difficulté extrême pour les conseils des plaideurs de diriger avec assurance les affaires sur lesquelles ils sont consultés, et, forcément, accroissement du nombre des procès, parce que, dans le doute, en matière contentieuse, on ne s'abstient pas, on plaide ; 2° diminution aux yeux des auxiliaires de la justice et des justiciables eux-mêmes de l'estime que doit leur inspirer la valeur scientifique des juges qu'ils ne peuvent plus apprécier telle qu'elle est réellement, et qui est un des éléments principaux de cette considération générale qui doit entourer le corps judiciaire et le maintenir, à tous les points de vue, dans l'opinion publique, au-dessus de ceux à qui il dit la loi.

Dois-je indiquer encore un danger assurément redoutable auquel expose nécessairement la tendance que je combats ? Lorsque, pour éviter la critique, la réformation ou la cassation, on s'efforce de juger en fait et d'écarter le droit dont le terrain seul est solide, n'est-il pas à craindre que, malgré soi, dans une conviction sincère, mais qui peut néanmoins être erronée, on se laisse entraîner, pour consolider la décision, à trop appuyer sur l'affirmation de faits, allégués sans doute par une partie, non contestés peut-être par l'autre, mais cependant non suffisamment prouvés ? eh bien ! sera-ce encore la vérité que la sentence rendue dans de pareilles conditions ?

Et qu'on ne dise pas que j'émets là une crainte vaine. Sans en chercher la justification dans l'expérience, n'est-il pas dans la nature de l'homme de s'armer le plus qu'il peut contre les contradictions qu'on peut lui opposer, et n'y met-il pas d'autant plus de soins et de précautions que son opinion, toute sincère qu'elle est, est plus discutable ? Qui serait assez outrecuidant pour se dire sûr de ne tomber jamais à son insu dans un semblable entraînement qui semble le plus souvent, je le répète, trouver son excuse dans une inspiration d'équité? Or, il est inutile d'expliquer les effets produits par cet entraînement; n'est-il pas de nature à jeter un certain discrédit sur celui qui y succombe?

Faut-il, après cela, ajouter que rien ne peut satisfaire l'esprit, décharger la conscience du magistrat comme la possibilité pour lui de juger en droit? Il peut assurément se tromper en droit comme en fait; mais du moins l'erreur de droit n'est jamais qu'une opinion erronée qui, émise de bonne foi, ne saurait être incriminée, et n'engage que sous réserves sa responsabilité, puisque la correction d'une juridiction supérieure est là pour en faire disparaître les résultats fâcheux, tandis que l'erreur de faits, même la plus involontaire, repose toujours sur une négligence ou sur une explication incomplète de la part des parties en cause, et, malheureusement, est, la plupart du temps, irréparable.

Mais je m'aperçois que je me suis bien éloigné du livre de M. Tissot; l'intérêt des questions que j'ai soulevées dans une trop longue parenthèse, me le fera pardonner. Au surplus, j'y reviens, profitant des quelques pages qu'il consacre au jury pour faire moi-même quelques courtes réflexions sur cette institution. « On connaît les avantages de l'institution du jury en matière criminelle, dit-il, mais on n'est pas aussi d'accord sur l'utilité, la possibilité même d'un jury en matière civile. Il y a des raisons et des autorités pour et contre,

et ceux qui se prononcent contre le jury en matière civile ne
sont pas tous éloignés de penser que cette réforme est du
nombre des choses qui ont l'avenir pour elle. Des juriscon-
sultes d'un mérite incontestable inclinent même à croire que
le moment est venu de donner une plus large part au peuple
dans l'administration de la justice, et se prononcent en fa-
veur du jury au civil comme au criminel. » Le savant philosophe ne tranche pas la question. Il se défie probablement
quelque peu de l'ignorance et de la passion ; ce n'est pas, à
mes yeux, sans raison, et j'avoue que je suis sur ce point en-
tièrement de son avis. J'irais même plus loin, et, malgré l'influence que peut avoir sur moi l'autorité d'hommes que je
reconnais être des plus compétents, et particulièrement celle
d'un maître dont je ne prononce le nom qu'avec un affectueux
respect, M. Odilon Barrot, je ne puis croire au jury civil, au
moins d'ici à bien longtemps. L'expérience des difficultés
sans nombre que rencontre à chaque pas de sa carrière, dans
l'appréciation juridique des faits, le juge le plus instruit, le
plus ferme, le plus laborieux, me suffirait pour reculer devant l'idée de confier à des arbitres étrangers au droit des
intérêts sur le sort desquels la conscience éclairée du magistrat, qui en fait sa constante étude, est si fréquemment per-
plexe.

Cependant, il est un cas où je me rapprocherais volontiers
des partisans du jury civil, mais je n'en entrevois pas d'autres. Je trouverais naturel, logique même, que ce fût le jury
qui statuât sur les demandes de dommages-intérêts formées
par une partie civile dans les affaires criminelles qui lui sont
soumises. Là, en effet, les inconvénients qui m'apparaissent
ailleurs ne me semblent pas exister. Le fait seul est en jeu,
et il est toujours plus facile à apprécier sous son simple caractère plus ou moins fautif, que la question complexe de
culpabilité, qui embrasse à la fois le fait et l'intention cou-

pable. La réunion entre les mains des mêmes juges de la décision civile et de la décision criminelle aurait de plus cet
avantage qu'elle ferait cesser le semblant de contrariété souvent signalé qui paraît exister entre l'acquittement par le
jury et la condamnation civile prononcée ensuite par la Cour
d'assises ; cette contrariété n'est, il est vrai, qu'apparente, mais
elle ne blesse pas moins ceux qui, peu initiés aux études juri-
diques, ne réfléchissent pas suffisamment à la double cause
de la poursuite. Basée effectivement d'une part, au criminel,
sur la culpabilité, c'est-à-dire sur la faute volontaire, inten-
tionnellement criminelle, d'autre part, au civil, sur la faute
préjudiciable, mais dépouillée de tout caractère délictueux,
cette poursuite, il ne faut pas l'oublier, obéit à deux idées
distinctes, à celle de l'outrage commis vis-à-vis de la société,
à celle du préjudice privé causé par le fait fautif lui-même à
la personne qui en a été victime. Il peut y avoir faute sans
qu'il y ait pour cela acte criminel. Il doit donc y avoir
deux sortes de réparations distinctes, tellement indépendantes
l'une de l'autre, que l'une puisse exister sans l'autre, et que
soit la condamnation au criminel et le renvoi de l'action civile, soit, au contraire, l'acquittement et l'adjudication des
dommages-intérêts puissent coexister. Le jury étant chargé
de décider sur les deux actions, peut-être la prescription de
l'article 366 du code d'instruction criminelle paraîtrait-elle
moins anormale ; tout au moins, la prétendue contrariété entre les deux solutions ne pourrait plus être critiquée comme
le résultat contradictoire d'une lutte entre deux juridictions
différentes, et la dignité de la justice n'y perdrait pas.

Après l'examen du pouvoir judiciaire, M. Tissot s'occupe
de la grosse question de la séparation des pouvoirs. C'est sur
la nécessité de cette séparation que s'appuient, on le sait, les
partisans du maintien des attributions contentieuses aux conseils de préfectures, et c'est également sur elle que, pour ma

part, je me baserais pour demander leur suppression. Puis, il étudie la souveraineté, les formes diverses de gouvernement, les rapports des gouvernants et des gouvernés, et enfin les rapports respectifs de l'État et des associations, particulièrement des associations religieuses. Il serait intéressant de parcourir le vaste champ des considérations qu'il présente sur toutes ces choses; mais, pour cela, il faudrait greffer tout un volume sur le sien, et je dépasserais par trop les limites que je me suis imposées. Où m'entraînerait, par exemple, cette seule question des rapports de l'Église et de l'État? Je tourne donc court et j'en finis avec une publication où bien d'autres après moi, et plus expérimentés, trouveront à s'instruire et à méditer, en posant simplement, sans essayer de la résoudre pour mon compte, les termes de cette dernière question tels que les a posés M. Tissot lui-même : « On peut concevoir les rapports de l'État et de l'Église de plusieurs manières suivant qu'il y a:

« Ou subordination complète de l'Église à l'État, ou de « l'État à l'Église ; ou distinction de l'une et de l'autre, mais « avec dépendance mutuelle à certains égards et déterminée « par la nature des choses ou par des conventions récipro- « ques; ou indépendance absolue, fondée sur le triple prin- « cipe :

« Que l'État et l'Église ont chacun leur mission distincte : l'État, le bien temporel au nom du juste et de l'utile ; l'Église, le bien spirituel par les moyens de sanctification qui lui sont propres ;

« Que la liberté de conscience et des cultes doit être entière ;

« Que l'État n'adopte absolument aucune religion, n'en sa-

larie aucune, mais protége les droits religieux de tous les citoyens, quels que soient leurs croyances et leur culte, pourvu
qu'en professant les unes et en pratiquant l'autre ils ne por-
tent atteinte ni à l'ordre public ni aux droits des particuliers. »

CH. MUTEAU,

Docteur en droit, Conseiller à la Cour de Dijon,
membre du Conseil général de la Côte-d'Or.

Juin 1872.

CORBEIL. — Typ. et stér. de Crété fils

www.ingramcontent.com/pod-product-compliance
Lightning Source LLC
LaVergne TN
LVHW010331030726
842520LV00004B/1386